AF258218

ÉLOGE

DE

FRÉDÉRIC OZANAM

DISCOURS

PRONONCÉ

A LA DISTRIBUTION DES PRIX DU COLLÉGE STANISLAS

Le 10 Août 1858

PAR

M. CARLE WESCHER

AGRÉGÉ DE L'UNIVERSITÉ, PROFESSEUR DE RHÉTORIQUE.

ÉLOGE

DE

FRÉDÉRIC OZANAM.

DISCOURS

PRONONCÉ A LA DISTRIBUTION DES PRIX DU COLLÉGE STANISLAS,

Le 10 Août 1858,

PAR M. CARLE WESCHER,

Agrégé de l'Université, Professeur de rhétorique.

MESSIEURS,

Il y a quinze ans, à pareil jour, à pareille heure, dans
une enceinte voisine, au milieu d'une solennité semblable,
retentissait une voix, éloquente déjà, célèbre depuis, main-
tenant muette et ensevelie dans le silence de la tombe.
Cette voix proclamait la puissance du travail, épreuve divi-
nement imposée à l'homme et source féconde de sa grandeur (1). L'aspect du jeune orateur, sa figure pâlie par les
veilles, son front sillonné de rides prématurées, parlaient
plus haut que sa parole, et témoignaient au prix de quels
efforts lui-même accomplissait l'universel devoir. Cette
voix, que plusieurs d'entre vous ont entendue peut-être,
et que notre siècle n'oubliera pas, est celle de Frédéric
Ozanam. En rencontrant dans les fastes de ce collège, sur
la liste de mes prédécesseurs, ce nom illustre et regretté,
j'ai ressenti (qu'il me soit permis de l'avouer) une profonde
et involontaire émotion, et j'ai résolu de venir en ce jour,

(1) Discours sur la puissance du travail, prononcé à la Distribution des Prix du Collége Stanislas, 1843. — Ozanam, *OEuvres
complètes*, tome VIII ; *Mélanges*, tome II.

devant vous tous, parents, maîtres, élèves, payer à cette noble mémoire un religieux tribut de respect et d'admiration.

Chargé pour la première fois de faire entendre à cette vive et généreuse jeunesse nos derniers conseils de l'année, ne devais-je pas me souvenir de la maxime antique, qui signale le chemin des exemples comme plus court et plus facile que celui des préceptes? Et n'était-ce pas une fortune heureuse de pouvoir mettre à la place de ma faible parole l'image d'un homme qui, après avoir été le modèle des élèves, devint celui des maîtres? Sa vie est plus éloquente que tous les discours.

Où d'ailleurs l'éloge d'Ozanam serait-il mieux placé qu'ici, au sein d'un établissement qui s'honore de l'avoir compté parmi ses professeurs? Les colléges ont leur histoire, comme les familles, les cités, les nations : comme elles, ils doivent consacrer le souvenir des hommes qui les ont illustrés. Que le nom d'Ozanam soit, pour la jeunesse qui m'entoure, comme un héritage de famille, comme une tradition domestique, comme une leçon impérissable de travail, de dignité, de persévérance : ainsi, après avoir instruit les pères, il sera encore du fond de sa tombe le guide et le maître des fils !

Assurément, une telle renommée n'avait pas besoin de nos hommages. Protégée par le double éclat du talent et de la vertu, elle défie les efforts du temps. L'amitié, qui au dire de Cicéron ressuscite les morts (1), veille auprès de cette mémoire précieuse, et saurait au besoin la défendre contre l'oubli. A peine Ozanam avait-il les yeux fermés à la lumière, que des mains savantes et pieuses s'unirent pour lui

____

(1) . . . . . Quocirca et absentes adsunt, et (quod difficilius dictu est) mortui vivunt.　　　　　(Cic. *De Amicitia.*)

dresser, en publiant le recueil entier de ses œuvres, le seul monument digne de lui.

Un littérateur célèbre (1), ami de sa jeunesse et confident de ses travaux, traça une touchante image de celui qu'il venait de perdre, et éleva une statue sur cette tombe récente. Plus âgé qu'Ozanam, il se plaint d'avoir été réservé à ce triste ministère : plus d'une fois même, on le devine, le ciseau a dû tomber des mains paternelles, mais le dévouement a vaincu la douleur, et la postérité ne verra pas sans émotion ce portrait où Ozanam revit tout entier.

Déjà l'Université de France, fière d'un tel disciple et d'un tel maître, avait fait entendre sa voix. Le savant et vénérable doyen de la Faculté des lettres avait prononcé, sur le cercueil du plus jeune de ses collègues, d'éloquentes paroles, où la gravité du devoir public s'animait par l'émotion des souvenirs personnels (2).

Au premier bruit de cette mort prématurée, un concert unanime d'éloges et de regrets éclata de toutes parts. Les feuilles publiques les plus diverses d'opinions et de sentiments se trouvèrent d'accord (3) pour honorer une noble mémoire ; l'étranger unit sa voix à celle de la France, et le nom d'Ozanam reçut par delà les Alpes, dans la patrie du Dante son poëte chéri, un public et touchant hommage.

Des honneurs plus solennels l'attendaient encore. L'Institut de France, qui n'avait pas eu le temps de l'appeler dans son sein, voulut au moins déposer une couronne

(1) M. Ampère, de l'Académie française (Voir le *Journal des Débats*, 9 et 12 octobre 1853).

(2) Voir le discours de M. J.-V. Leclerc dans le *Journal général de l'Instruction publique* du 1er octobre 1853.

(3) Les *Débats* du 14 septembre 1853 ; le *Pays* du 15 septembre ; le *Siècle* du 15 septembre ; l'*Union* du 15 septembre, etc., etc.

sur sa tombe. L'Académie française, en 1856, désigna ses derniers écrits pour le prix nouveau de haute littérature. L'illustre secrétaire perpétuel (1), qui n'a pas cessé d'être aux yeux de la France le plus noble interprète de ses traditions littéraires, célébra cette gloire si pure dans un de ces *Rapports* dont l'auteur semble chaque année se surpasser lui-même. Par une pensée délicate et touchante, la récompense publique décernée au nom d'Ozanam fut offerte à sa jeune femme et à sa jeune enfant comme un dernier don de sa main, comme le legs suprême de cet époux, de ce père bien-aimé, dont la vocation ardente leur avait coûté si cher.

La religion, qu'Ozanam avait honorée par ses travaux et par sa vie, consacra cette universelle douleur. Un prêtre, un orateur de génie, celui-là même qui a fait revivre en France, au dix-neuvième siècle, l'éloquence religieuse que le dix-septième semblait avoir emportée dans sa tombe, révéla au monde le secret de cette âme profondément chrétienne. Le tableau qu'il en a tracé (2) est, sous le nom modeste de biographie, une véritable oraison funèbre, où éclatent partout ces beautés soudaines et inspirées, qu'on admire et qu'on n'imite pas. Le chef suprême de l'Eglise témoigna lui-même à la noble veuve qu'il partageait son affliction. Cette voix vénérée trouva de l'écho dans beaucoup de cœurs, et sur beaucoup de lèvres. Ici, nous pouvons tout dire en un mot : les pauvres qui accompagnaient le cercueil d'Ozanam eussent suffi à son éloge.

L'accord unanime de ces louanges et de ces regrets,

(1) Rapport de **M. Villemain** à l'Académie française sur les concours de 1856.

(2) *Frédéric Ozanam*, par le R. P. Lacordaire. — Paris, 1856.

partis des points les plus divers et en apparence les plus opposés, est pour celui qui en fut l'objet un éloquent panégyrique, et renferme pour vous, jeunes gens, une salutaire leçon. En effet, ces marques universelles d'estime et de sympathie, cette vive expression d'une commune douleur, à quoi s'adressaient-elles? Pourquoi des hommes dont les opinions ne sont pas les mêmes concourent-ils à honorer une mémoire qu'ils respectent également? Ah! c'est qu'Ozanam n'était pas seulement un grand esprit : c'était de plus un noble cœur. Ce qu'on aime, ce qu'on admire en lui, c'est le constant accord du talent et du caractère. L'homme valait l'auteur. On ne pouvait le voir sans le respecter, sans le chérir, tant on trouvait en lui de loyauté, de franchise, d'affectueuse candeur! A la passion du savoir, à l'émotion de l'éloquence, il unissait toutes les vertus publiques et privées : le culte de la famille, le dévouement à l'amitié, un patriotisme ardent, un vif amour de ses semblables, une piété sincère, indulgente, éclairée. Sa vie se résume en un mot : l'accomplissement du devoir. Son caractère se peint par un trait : la bonté.

Mais pourquoi m'arrêter à ce qui a été si bien dit avant moi? Oserai-je offrir à vos regards une faible esquisse, lorsque vous pouvez admirer les tableaux sortis de la main même des maîtres? Tel n'est pas mon dessein. Je voudrais rappeler seulement quel fut en Ozanam l'*élève* d'abord, puis le *professeur*. Aussi bien, c'est le genre de souvenirs qui convient le mieux à cette enceinte et à cet auditoire.

Pénétrez un instant avec moi, par la pensée, dans une des salles du lycée de Lyon : c'est un spectacle que mes jeunes auditeurs se représenteront facilement. Voyez cet enfant attentif à la parole du maître, et comme suspendu à ses lèvres. On corrige, je crois, des vers latins. Le jeune Ozanam n'a pas, sans doute, pour cet utile et charmant exercice, le dédain de nos modernes écoliers, car le professeur cite avec éloge des vers signés de ce nom. Lisez-les dans la notice publiée par son maître, M. *Urbain Legeay*, un de nos honorables vétérans de l'enseignement public (1). Vous trouverez là des compositions de forme et de nature diverse, sur des sujets tour à tour gracieux et sévères, depuis les distiques légers adressés à l'alouette prisonnière au piége avec une aimable facilité qui se souvient d'Ovide, jusqu'aux hexamètres épiques et virgiliens qui expriment la douleur, la résignation, la piété d'une auguste captive, de Marie-Antoinette léguant, avant de mourir, ses enfants désormais orphelins à sa belle-sœur Elisabeth : « Adieu, ma sœur, lui dit-elle, adieu pour toujours : désormais je ne suis plus à vous.»

Supremumque vale, jam non tua, dicere cogor.

La forme de l'hexamètre ne suffit pas à ce poëte de quatorze ans : il reproduit avec bonheur les plus beaux rhythmes d'Horace. Il décrit en strophes alcaïques le triomphe de la Vierge; il chante en vers saphiques l'ascension du Christ. Ces premiers essais sont pleins de promesses : c'est l'aurore d'un beau talent; ce sont les fleurs du printemps qui annoncent les fruits de l'été. « On serait étonné, dit son professeur, des analyses de l'histoire sainte et de l'histoire ancienne que dès lors il faisait. Les exercices où il réussissait le mieux étaient ceux qui se prêtaient au développement d'un sentiment religieux ou patriotique. »

(1) *Etude biographique sur Ozanam,* par Urbain Legeay, professeur honoraire à la Faculté des lettres de Grenoble. — Paris, 1854.

Ozanam est déjà là tout entier: poëte et chrétien, historien et orateur. Lorsque, simple rhétoricien, il fait parler Witikind, chef des Saxons vaincus, à Charlemagne vainqueur, il semble préluder de loin à ses belles études sur les Germains civilisés par le christianisme. Son ardeur devançait les leçons de ses maîtres ; les travaux réguliers de la classe ne suffisaient pas à sa passion studieuse, et cet écolier de quinze ans trouvait des loisirs pour composer des essais de tout genre, prose et poésie, vers latins et même (je le dis tout bas) vers français : c'étaient là ses plaisirs.

Dès lors Ozanam mettait son talent au service de son cœur. J'ai contemplé avec une religieuse émotion un petit volume jauni par le temps, écrit entièrement de sa main il y a trente années déjà. Cette relique précieuse m'a été communiquée par celle qui fut la compagne dévouée de sa vie, et qui est aujourd'hui la pieuse gardienne de sa mémoire. Ce cahier est un recueil de *vers latins*, offerts à son père et à sa mère, comme un monument de sa reconnaissance. Au frontispice, je lis ces mots :

Optimo patri filialis amoris ac reverentiæ pignus.

Au-dessous de cette dédicace, sa main adolescente a dessiné une lyre avec cette charmante inscription (c'est encore un vers latin) :

Parvula, sed felix, si tibi grata fuit.

La page voisine porte une autre dédicace, française cette fois ; car, si l'on parle latin à un père, on parle toujours à une mère la langue qu'elle nous a enseignée, la langue *maternelle :*

A une mère chérie témoignage de reconnaissance et de respect.

Suit une épître latine adressée à ce père excellent. Je voudrais qu'il me fût permis de la citer tout entière. Voici le dernier distique :

« Ne dédaignez pas ces prémices de mon travail : lisez-les, non avec la sévérité d'un critique, mais avec l'indulgence d'un père. »

Tu ne primitias nostrorum sperne laborum :
Neu nobis judex, sed pater esse velis.

En regard, je trouve ces lignes, qu'il écrivait à sa mère :

« Chère maman, c'est encore cet écolier étourdi qui vient vous
» rompre la tête avec son latin. Prenez-vous-en à votre indulgence:
» vous l'avez accoutumé à croire que tout ce qu'il fait pour vous
» peut vous être agréable. D'ailleurs, il vous paie de sa monnaie :
» c'est le seul présent que sa bourse lui permette de vous offrir.
» Recevez-le, avec les vœux que forme pour vous votre fils. »

Frédéric OZANAM.

Ce recueil renferme des pièces de tout genre, en vers de toute mesure, sur les sujets les plus variés. Il y a là des poëmes entiers, en latin! J'en indiquerai un seul, où le poëte, plein d'un aimable enthousiasme pour la religion et la liberté, accompagne de ses vœux les généreux Français partis pour la délivrance de la Grèce. Il avait alors dix-sept ans.

N'y a-t-il pas un charme singulier à remonter ainsi aux origines d'un beau talent, comme le voyageur découvre la source ignorée du fleuve dont il a longtemps admiré le cours majestueux? Et pourrait-on trouver une meilleure apologie de ces fortes études littéraires que notre siècle n'estime plus assez, et qui seules ont pu former un tel esprit?

Une réflexion naît de cette lecture. Ozanam s'y montre dès

ors ce qu'il restera jusqu'au dernier soupir, je veux dire un poëte. L'idée du beau, à ses yeux, était inséparable de celle du bien. La poésie et les arts le ravissaient, comme la religion, comme la science. L'Italie, qui fut son berceau, demeura toujours la patrie de son imagination. Qu'il retrace le sombre tableau de la décadence romaine au v⁵ siècle, ou les riantes impressions d'un pèlerinage au pays du Cid, toujours une vive teinte de poésie anime son style, et donne à ses écrits, même les plus sévères, un charme délicieux.

Un autre enseignement attendait Ozanam. Ici, laissons-le parler. — Après avoir rappelé que Dieu lui avait fait la grâce de naître dans la foi, il ajoute :

« Les bruits d'un monde qui ne croyait pas vinrent jusqu'à
» moi. Je connus toute l'horreur de ces doutes qui rongent le
» cœur pendant le jour, et qu'on retrouve la nuit sur un chevet
» mouillé de larmes. L'incertitude de ma destinée éternelle ne me
» laissait pas de repos..... C'est alors que l'enseignement d'un
» prêtre philosophe me sauva. »

Ce prêtre, ce philosophe, vous l'avez nommé : c'est M. l'abbé Noirot. Socrate chrétien, il excellait à éveiller, diriger les jeunes intelligences confiées à ses soins. A cette sage et forte école, Ozanam puisa la rectitude de jugement, la fermeté de principes, la modération de conduite, qui ne l'ont jamais quitté. On a retracé avec un charme infini ces promenades studieuses où, jeune disciple, il accompagnait son maître dans les sentiers déserts qui avoisinent Lyon, et raisonnait avec lui, au milieu de la solitude et en présence de la nature, sur Dieu, sur l'homme et sur leurs rapports. Ainsi jadis Platon, conversant avec ses disciples, contemplait du promontoire de Sunium les flots bleus de la mer Égée, et devinait l'invisible géomètre aux visibles merveilles que sa main a semées dans cet univers. Avec moins de gloire et plus de bonheur, le prêtre chrétien et son élève s'éclairaient à la lumière nouvelle dont le sage antique avait eu un sublime pressentiment.

Désormais la route d'Ozanam était tracée : l'accord de la science et de la religion fut la pensée de toute sa vie.

Au sortir de cette éducation féconde, Ozanam, dans le court espace de dix années, achève ses études de jurisprudence, ambitionne et obtient le double grade de docteur en droit et de docteur ès lettres, inaugure à Lyon un cours de droit commercial créé pour lui, et, déjà connu par un premier travail sur Dante, revient à Paris où il remporte, dans un concours mémorable, une palme d'autant plus glorieuse qu'elle était plus vaillamment disputée (1). Dès lors sa place fut marquée parmi ses juges, et le savant *Fauriel* lui confia la suppléance de son cours de littérature étrangère, à la Sorbonne. C'est vers cette époque que ce collége eut le bonheur de le posséder pendant deux années : 1843 et 1844. Il y professa la rhétorique.

Ozanam, éloquent dans ses leçons de la Sorbonne, le fut aussi dans l'intimité de la classe, mais il le fut d'une autre manière, plus rare peut-être et non moins utile. Devant le public toujours nombreux et souvent renouvelé qui se pressait à ses cours, il se présentait après une longue préparation et néanmoins avec une sorte de crainte. Peu à peu l'inspiration croissante dominait ce premier embarras, et l'éloquence jaillissait de l'effort même. Alors on voyait l'orateur. Dans la chaire modeste du collége, devant ces jeunes enfants qui l'aimaient, l'homme se montrait sans réserve, se livrant avec un familier abandon à l'aimable

____

(1) En 1840, Ozanam fut reçu le premier au concours nouvellement institué pour l'agrégation près les Facultés des lettres.

vivacité de son esprit, à l'ardeur toujours jeune de son âme. Sa parole, inégale et improvisée, était pleine d'une émotion naturelle, soudaine, irrésistible. Il excellait à éveiller en ses élèves le sentiment de l'admiration littéraire, un des plus nobles assurément que le cœur de l'homme puisse éprouver, puisqu'il nous rapproche de ces grands écrivains qui sont les maîtres éternels des générations humaines. Son action s'exerçait sur les intelligences même les plus rebelles : dans sa classe, il n'y avait pas d'élèves indifférents. Un de ses auditeurs d'alors, devenu à son tour un maître distingué, a tracé, dans une fine et charmante étude (1), le tableau de cet enseignement. Il nous a montré Ozanam dans sa chaire, un vieil exemplaire des *Géorgiques* à la main, lisant ce poëme tout pénétré du parfum de la nature, s'animant à cette grave mélodie du vers latin, et, après les essais malheureux de quelque écolier inégal à cette grande poésie, reprenant la traduction faiblement ébauchée, et ramassant tout l'effort de son intelligence pour lutter de précision avec un beau vers, de grandeur avec une belle image, d'harmonie avec toute cette poésie qui est l'harmonie même. L'explication de *Bossuet* offrait le même caractère d'admiration savante et passionnée. J'ai vu (et ne croyez pas que j'use ici d'exagération), j'ai vu un de ses anciens élèves encore ému et troublé au souvenir de l'éloquence avec laquelle leur jeune maître parlait de *Pascal*, de son génie, de ses combats, de ses ouffrances, de sa vie si pleine et sitôt dévorée. Lui-même ne prévoyait pas qu'un jour, que bientôt, il mourrait comme Pascal, à la moitié de sa carrière, au seuil de la gloire, en présence d'un grand monument inachevé !

(1) M. Em. Caro, dans la *Revue contemporaine*, du 31 juillet 1856.

Que dirai-je de la correction des devoirs? S'agissait-il de poésie latine, souvent le maître se souvenait des lauriers de sa jeunesse, entrait en lice avec l'élève, et improvisait des vers que *Vanière, Santeuil* ou *Lebeau* n'eussent pas désavoués. S'occupait-on de discours français, Ozanam indiquait un sujet habilement choisi, et, sans s'astreindre à dicter une matière, puisait dans le riche trésor de son érudition des souvenirs historiques qu'il développait avec sa verve habituelle. L'élève, à la fois instruit et excité par la parole du maître, n'en composait que mieux.

Telle était cette classe de rhétorique, transformée en un véritable cours d'éloquence. Et quel maître fut plus capable d'en donner des leçons? On peut dire qu'il prêchait d'exemple.

A toutes les distinctions de l'esprit, du savoir, du talent, Ozanam joignait un cœur sympathique à la jeunesse, ses élèves l'adoraient. Ils lui témoignèrent en plus d'une occasion la vivacité de leur attachement. J'en ai recueilli des preuves touchantes. Ces jeunes gens n'ignoraient pas que leur professeur était un maître déjà illustre dans la science, et applaudi du public. Ils étaient touchés de voir qu'il consentît à descendre jusqu'à eux : ils lui en savaient gré comme d'un sacrifice. Voici les vers qu'ils lui adressèrent un jour pour lui exprimer ce sentiment :

> Guide aimable et savant, dont la voix éloquente
> En élevant notre âme éclaire notre esprit,
> Vous qui fuyez pour nous la foule impatiente
> D'applaudir aux leçons où son maître l'instruit,
>
> Plus tranquille, au milieu d'un plus humble auditoire,
> Si vous ne trouvez plus ces triomphes bruyants,

Votre cœur, respirant du fardeau de la gloire,
Y trouvera du moins des cœurs reconnaissants.

Chaque jour, recueillis dans la paix de l'école,
A vos doctes leçons tressaillant de plaisir,
Nous n'osons point troubler votre aimable parole :
Qu'il nous soit une fois permis de l'applaudir!

La classe presque entière redoubla. Lorsqu'Ozanam recueillit à titre définitif la succession de Fauriel, ce fut pour ses élèves une grande joie et une grande douleur : ils se félicitaient de voir leur jeune maître jouir de ses triomphes, mais ils s'affligeaient à la pensée de le perdre. Dans leur naïve candeur, ils n'imaginèrent rien de mieux que d'adresser une requête à M. *Villemain*, alors ministre, pour qu'il autorisât Ozanam à rester, contre l'usage, titulaire de deux chaires, l'une au collége, l'autre à la Faculté. Voulant associer à leur démarche celui qui en était l'objet, ils lui écrivirent la lettre suivante, que l'un d'eux lui présenta :

« Monsieur, nous ne saurions vous exprimer avec quelle dou-
» loureuse surprise nous avons reçu hier la nouvelle du malheur
» qui nous menace. Ceux qui ne sont près de vous que depuis
» quelques mois seulement, ceux qui après une année de vos
» leçons avaient espéré les entendre longtemps encore, ont tous
» été également affligés, et j'ai reçu la triste mission de vous ma-
» nifester cette universelle douleur. Cependant, tout espoir n'est
» peut-être pas perdu, et, quelque indignes que nous soyons d'oc-
» cuper un temps aussi précieux que le vôtre, *nous osons vous*
» *supplier de prendre vous-même en main notre cause, et de nous*
» *conserver, s'il est possible, le maître que nous avons le plus aimé...*
» Quelle que doive être la décision de Monsieur le Ministre, jamais
» nous n'oublierons les bontés que depuis deux ans vous avez eues
» pour nous... Veuillez en recevoir ici l'assurance bien sincère, et

» excuser l'indiscrétion de notre démarche en faveur de l'affection
» que vous ont vouée tous les élèves du collége Stanislas. »

La démarche ne réussit pas, mais le cœur d'Ozanam fut vivement touché. Il conserva cette lettre, et sa famille la possède encore.

Les dernières années de sa courte vie furent aussi les plus glorieuses. Il ne cessa de travailler au grand dessein qu'il méditait depuis sa jeunesse : l'*Histoire de la Civilisation aux temps barbares*. Il se proposait de montrer comment, des ruines romaines et des tribus campées sur ces ruines, le christianisme avait su tirer une société nouvelle, capable de posséder le vrai, de faire le bien, de trouver le beau. C'était, dit M. *Ampère,* la religion glorifiée par l'histoire.

De ce plan immense et hardi qui embrassait tout le moyen âge, quelques parties sont achevées, d'autres à peine ébauchées, et l'on demeure frappé d'un douloureux respect à la vue de ce monument, commencé avec tant de grandeur et interrompu par la mort. Ce rare écrivain semblait croître chaque jour en perfection, et, comme pour ajouter à nos regrets, les dernières pages qu'il a écrites sont les plus belles qui soient sorties de sa main. Consumé par la fièvre du travail, épuisé par l'ardeur de sa parole, il ne put se résigner au repos. Nous l'avons vu, la dernière année de sa vie, paraître à la Sorbonne, souffrant, pâle, défait, portant sur son visage et dans sa personne les signes trop certains d'une fin prochaine. Il parlait cependant, et peu à peu, sous l'empire d'une émotion intérieure, le malade se ranimait, son front terne et voilé s'illuminait, son regard rayonnait, ses mains agitées par un tremblement fébrile se prêtaient à l'expression de sa pensée : il retrouvait l'éloquence sous le coup même de la mort. Aux prises avec la douleur, il lui disputait le temps, et, dans l'intervalle de ses souffrances, il parlait, il écrivait encore. Forcé d'aller demander au ciel de l'Italie un climat plus doux et un hiver moins rigoureux, il se rappela, à la vue de ce beau pays, les années de sa jeunesse, et, déjà sur le bord de la tombe, il se souvint de son berceau. On ne peut lire sans émotion la touchante prière qu'il écrivit à Pise, le jour même où il accomplissait sa quarantième année. C'est le testament de cette belle âme. Voici un fragment qui n'est pas encore publié :

Pise, 23 avril 1853.

. . . .

« Je repasse mes années devant vous, Seigneur, avec reconnais-
» sance. Quand vous m'enchaîneriez sur un lit pour les jours qui me
» restent à vivre, ils ne me suffiraient pas à vous remercier des
» jours que j'ai vécus. Ah ! si ces pages sont les dernières que
» j'écris, qu'elles soient un hymne à votre bonté ! Vous m'avez fait
» avant ma naissance le plus grand de vos dons, en formant vous-
» même le cœur de ma mère... J'ai appris sur ses genoux votre
» crainte, et dans ses regards votre amour. »

Après avoir rappelé quel fut son père, ce père qui avait passé par les révolutions, par les camps, et qui, en quittant les hussards, avait lu d'un bout à l'autre la Bible de dom Calmet, il ajoute ces lignes, qui renferment une belle leçon d'éducation morale :

« Au milieu de ses fatigues, put-on jamais accuser mon père
» de négliger nos études ? Notre mère manqua-t-elle de patience,
» de douceur et cependant de fermeté ? Elle tenait toujours le
» frein, et pourtant nous ne sentions jamais sa main peser sur
» nous. Elle nous gouvernait par la confiance, par l'honneur, par
» le sentiment du devoir. *Aurais-je osé lire la page qu'elle me dé-*

» *fendait dans un livre, tout en me le laissant sur ma parole ?* Pen-
» dant mon séjour à Paris, elle ne me perdit pas de vue, elle sut par
» de bons renseignements tout ce que je faisais, mais je ne m'en
» doutais jamais. Je me croyais libre, et je ne m'en trouvais que
» plus lié. C'est ainsi qu'on inspire des sentiments généreux, qu'on
» donne des ailes à l'âme, et qu'on l'habitue à se porter au bien par
» un essor dont elle est fière, au lieu de l'y contraindre par les
» liens 'd'une surveillance, d'une servitude humiliante qu'elle a
» hâte de secouer. »

C'était le dernier soupir de son éloquence mourante.
Il voulut revoir la France, et s'embarqua. On était au mois
de septembre. La mer était calme : un beau soleil dorait les
flots. Le malade se fit porter sur le pont du navire, et là,
de sa couche funèbre, il contempla une dernière fois ce ra-
vissant spectacle. Il disait un suprême adieu à l'Italie, où
il était né; il saluait avec joie cette autre patrie, la
France, où il allait mourir. Il expira à Marseille le 8 septembre 1853.

Cette vie si courte et si belle vous offre, jeunes gens,
un grand exemple.

Elle fut consacrée au travail : « J'écris, disait Ozanam,
parce que, Dieu ne m'ayant pas donné la force de con-
duire une charrue, il faut néanmoins que j'obéisse à la
loi commune, et que je fasse ma journée. » Travaillez
comme lui, et soyez utiles à vos semblables.

Elle appartint tout entière au devoir. Ozanam fut
pieux envers Dieu et envers les hommes. Apprenez de lui
le culte du devoir.

Elle fut animée par l'ardeur des plus nobles passions.
Ozanam eut l'enthousiasme des grandes choses : la religion, la patrie, la poésie, l'art, la science, étaient chers
à son cœur. Sachez les aimer comme lui.

Elle fut embellie par le goût des lettres. A son exemple, admirez, étudiez les grands écrivains, ces exemplaires immortels du beau, et méprisez les tristes dédains d'un siècle qui n'estime que l'utile.

Elle demeura étrangère aux plaisirs frivoles, aux voluptés dangereuses. Vous aussi, ne goûtez que de pures et nobles jouissances.

Elle montra jusqu'à la fin ce que peut l'empire de l'âme sur les défaillances du corps. Que votre âme, à l'exemple de la sienne, soit toujours la maîtresse du corps qu'elle anime.

Cette carrière si remplie et sitôt bornée fut un admirable et constant effort vers le vrai, le beau, le bien ; une persévérante élévation vers leur source suprême, qui est Dieu. A votre tour, jeunes gens, tenez haut vos cœurs : *Sursùm corda!* C'est l'enseignement de sa vie, c'est la suprême leçon de sa mort.

(1003) SAINT-CLOUD. — IMP. DE Mme VC BELIN.

(1003) SAINT-CLOUD. — IMPRIMERIE DE Mme Ve BELIN.

www.ingramcontent.com/pod-product-compliance
Lightning Source LLC
Chambersburg PA
CBHW051404060726

47596CB00005B/2076